イタリア 🇮🇹

正式国名
イタリア共和国

面積
30.2万km²
（日本は37.8万km²）

人口
5950万人（2023年）
（日本は1億2156万人）

国旗
左から緑、白、赤の三色旗。緑は美しい国土と自由、白は雪と平等、赤は愛国心と博愛を表す。

日本との距離
東京からローマまで
直線距離で約 9880km

時差
日本と8時間の差がある。首都ローマは、東京より8時間遅い。日本が昼の12時のとき、ローマは午前4時。サマータイム期間（3月下旬〜10月下旬）は、7時間の差になる。

気候
夏は暑く乾燥し、冬は温暖で雨が比較的多い地中海性気候だが、降水量は地域差がある。

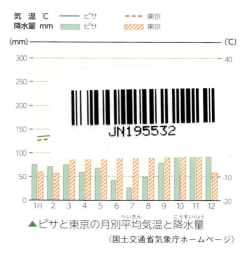
▲ピサと東京の月別平均気温と降水量
（国土交通省気象庁ホームページ）

▲南部アンドリアの郊外にあるデル・モンテ城。13世紀、神聖ローマ皇帝フェデリコ2世（フリードリヒ2世）の命により建設された、八角形が特徴的な城。

▲南部プーリア州アルベロベッロの住宅「トゥルッリ」。16〜17世紀に建てられたといわれる小作人の住居で、漆喰をぬった白壁と石を積みあげただけの円錐形の屋根が特徴。

▲中部トスカーナ州シエナ県にあるオルチア渓谷。もとは耕作に向かないやせた土地だったが、約300年かけて土壌を改良し、現在のような田園地帯を生みだした。

イタリアと周辺の国ぐに

イタリアのおもな世界遺産

2024年現在、国境をこえる遺産をふくめ60件が登録されている。

- フィレンツェ歴史地区
- ベネツィアとその潟
- デル・モンテ城
- アルベロベッロのトゥルッリ
- ポンペイ、エルコラーノ及びトッレ・アヌンツィアータの遺跡地域
- アマルフィ海岸
- ローマ歴史地区、教皇領とサン・パオロ・フォーリ・レ・ムーラ大聖堂
- オルチア渓谷

ほか

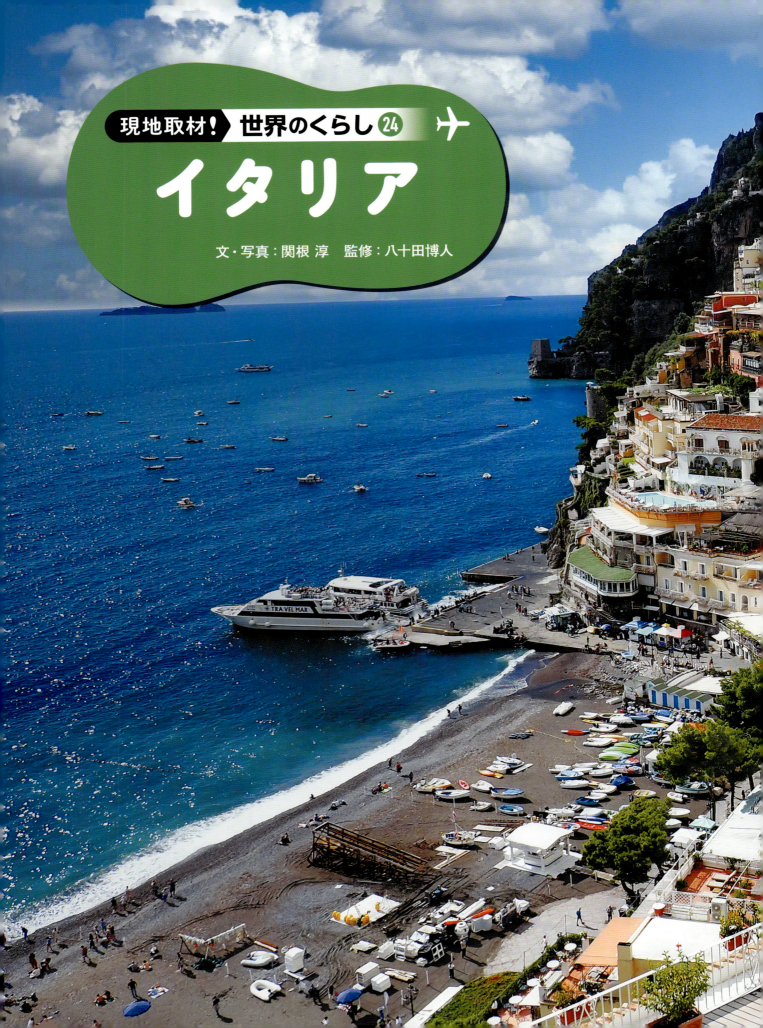

現地取材！世界のくらし ㉔
イタリア

文・写真：関根 淳　監修：八十田博人

イタリア南部アマルフィ海岸のまちポジターノ。アマルフィ海岸は、港まちソレントからサレルノに至る海岸線で、イタリア随一の景勝地。1997年に世界遺産に登録された。

現地取材！ 世界のくらし㉔
イタリア

もくじ

ベネツィアの運河を進む観光用のゴンドラ。

ハロウィンの仮装をしてまちを歩く女の子。

- ボンジョルノ
おはようございます／こんにちは
- ボナセーラ
こんばんは
- ボナノッテ
おやすみなさい
- アリベデルチ
またね
- チャオ（友達どうしでいつの時間でも使える）
こんにちは／さようなら

動画が見られる！

自然と気候
地中海にある半島の国 ……… 4

国のあらまし
統一までの長い道のり ……… 6

住居と習慣
首都ローマでくらす家族 ……… 8
探求心にあふれた女の子 ……… 10
自然豊かな地方に住む家族 ……… 12

食と習慣
イタリアの豊かな食文化 ……… 14
イタリアの家庭料理 ……… 16
食卓をいろどる料理 ……… 18

まちとくらし
イタリアの首都ローマ ……… 20
くらしをささえる乗り物 ……… 22

南部のサレルノ漁港で漁網の修理をする漁師。

放課後に軽食を食べながら遊ぶ児童たち。

学校生活
- イタリアの公立小学校 ……… 24
- 国語と算数が中心の授業 ……… 26
- 休み時間と給食 ……… 28

子どもの遊び
- 外遊びやゲームを楽しむ ……… 30

スポーツ・娯楽
- 家族や友達との楽しい時間 ……… 32

行事と冠婚葬祭
- キリスト教と現代のくらし ……… 34
- さまざまな式典やイベント ……… 36

くらしの多様性
- 美食の国の生産者たち ……… 38
- 職人のていねいな手仕事 ……… 40

SDGsとくらし
- 持続可能な社会の実現に向けて ……… 42

日本との関係
- 経済的結びつきと文化交流 ……… 44

〔巻末資料〕……… 46

さくいん ……… 48

◀こちらのサイトにアクセスすると、本書に掲載していない写真や、関連動画を見ることができます。

散歩中の犬に水を飲ませている男性。

ウェディングドレスの販売会社の路上撮影。

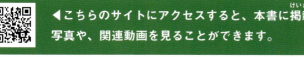

まちを歩く修道女。イタリアには修道院が多い。

繊細な筆づかいで陶器に絵つけをする職人。

自然と気候

地中海にある半島の国

▲アルプスアイベックス。野生のヤギの一種で、節のある大きな角が特徴。絶滅寸前だったが、現在はグラン・パラディーゾ国立公園などで保護されている。

イタリア北西部、高原に咲くヤナギランと、アルプスをのぞむアオスタ渓谷。

長ぐつの形をした半島の国

イタリアは、長ぐつの形をした南北に細長い半島と、そのまわりの島じまからなる国です。地中海の中心に位置し、西はフランス、北はスイスとオーストリア、東はスロベニアと国境を接しています。また、地中海をわたればスペインやアフリカ大陸があり、東側のアドリア海をはさんでクロアチアやギリシャがあります。

イタリアの面積は約30万km²（日本の約80％）で、国土の特徴には、山地の多さと長い海岸線があげられます。全長1000kmにわたる北部のアルプス山脈、半島を縦に走るアペニン山脈があり、この山やまをへだてて地域ごとに独自の伝統や文化が育まれてきました。また、アルプスの水を集めて流れるポー川流域の平野は、イタリア最大の農業地帯です。国土をとり囲む海は、人びとに豊かな海産物をもたらし、海の向こうの国ぐにとの争いと貿易で得た富で、イタリアは海洋国家としての礎を築きました。

▲岸壁の斜面に住居が建つ南部のアマルフィ海岸。複雑に入りくむ海岸線は、世界遺産に登録されている。

▲イタリア全土で酪農がおこなわれている。乳製品の生産がさかんで、チーズはイタリアを代表する食品。

自然と気候

▲イタリア南部シチリア島の都市パレルモの魚市場。シチリア名物のメカジキをさばいている。

▲北部最大の都市ミラノは、アルプス山脈の影響を受けるため、南部に比べて雨が多い。

夏は暑く、冬は温暖な地中海性気候

　イタリアの気候は、一般に地中海性気候で、夏は暑く乾燥し、冬は温暖で雨が比較的多いことが特徴です。ただし、降水量については地域差があります。アルプス山脈の影響を受ける北部やポー川流域の平野部では、夏の降水量が比較的多く、冬には雪や雨がさらに多くなります。いっぽう、乾燥の度合いは南部に行くほどはげしくなり、夏は長期間にわたって猛暑が続くことがあります。

中部トスカーナ州は、ブドウ（下）とオリーブ（右上）の栽培がさかん。これらからつくられるイタリアのワインとオリーブオイルは、世界有数の生産量を誇る。

統一までの長い道のり

国のあらまし

古代ローマの遺跡コロッセオ。紀元80年ごろに完成したこの円形闘技場は、4階建ての観客席に約5万人が収容できたという。

◀ アウグストゥスの銅像。内戦を終結させ、地中海世界を統一。ローマ唯一の支配者として、初代ローマ皇帝になった人物。

古代ローマ帝国の地

今から2000年以上前、イタリア半島を最初に統一したのは、古代ローマ人です。その後ローマは、ヨーロッパじゅうに領土を広げて帝国を築き、キリスト教を国の宗教として国をまとめていきました。しかし4世紀に入ると、しだいに帝国の力が弱まり、東と西に分裂します。

さらに、現在のイタリアにあった西ローマが476年に滅亡し、その後はさまざまな民族や国に支配される時代が続きました。西ローマの滅亡後、次にイタリアが統一されるのは19世紀です。

▲ 古代都市ポンペイの道路。ローマ帝国内の軍事・経済活動をささえた道路網は、当時のすぐれた土木技術の証でもある。

ここに注目！ ロムルスとレムスの神話

赤ん坊のころに捨てられたロムルスとレムスの双子は、雌オオカミに育てられました。ある日、羊飼いが双子を見つけて家に連れかえります。成長した双子は、都市を建設しようと決めましたが、双子の間で言い争いになります。最終的にロムルスがレムスを殺し、都市の王になります。新しい都市は、ロムルスの名をとってローマと名づけられたと伝えられています。

▲ オオカミの乳を飲むロムルスとレムスの像。

国のあらまし

水の都ベネツィアは、東地中海の貿易を通して栄えた商業都市。ベネツィア出身の商人マルコ・ポーロ（右上胸像）は、アジア各地を旅して『東方見聞録』を書いた。

ルネサンスから現代

　11世紀ごろから、交易によって力をつけたベネツィアやフィレンツェなどの各都市は、自ら自治権をもつ独立の都市国家となります。そして各地で独自の文化が生まれ、ルネサンスという芸術・文化運動が起こりました。

　その後、半島が統一され、現在のイタリア共和国の前身であるイタリア王国ができたのは、1861年です。現代のイタリアは、工業や農業、観光業を主要な産業とし、スポーツや芸術・文化でも世界で強い影響力をもつ国です。

▲◀レオナルド・ダ・ビンチ記念国立科学技術博物館に展示されているダ・ビンチの発明品の数かず（上）。ダ・ビンチ（左銅像）は、科学者であり芸術家でもあった、ルネサンス時代を代表する人物。

▶イタリア生まれのファッションブランド店。イタリアは、芸術や文化でも世界をリードする国。

住居と習慣①

首都ローマでくらす家族

▲6階建ての集合住宅が5棟たちならんでいる団地。

都心部ほど集合住宅が多い

　イタリアの住宅は、郊外や地方だと一軒家が多く、都心部ほど集合住宅（アッパルタメント）の割合が多くなります。ローマ中心部には、古いものだと築100年をこえるれんがや石づくりの集合住宅がたちならんでいます。

　10歳（小学校5年生）のエンマ・ボルザッキエッロさんは、ローマ郊外のまちオスティアの集合住宅に住んでいます。ローマの国際空港であるフィウミチーノ空港で働く両親と、小学校に入学したばかりの6歳の弟との4人家族です。住居は、居間と台所、両親の部屋、子ども部屋、物置部屋、2つの洗面台とトイレがあり、明るく清潔で使い勝手のよい設計になっています。

▼居間にある大きな食卓でケーキを食べるエンマさん（右はし）と家族。

▲▶居間にあるソファーでは、テレビを見たりくつろいだりする（上）。壁に飾ってある4年前のエンマさんと弟の写真（右）。

＊物置部屋は、エンマさんが大きくなったら、ひとり部屋として使う予定。

住居と習慣①

▶家族4人の名前が入ったクリスマスの飾り。

▲ガスこんろとオーブン、自動食器洗い機が備えつけられているシステムキッチン。

▲洗面台とトイレ、浴室がひとつになっている部屋。写真奥のふたのない便座は、トイレの使用後に下半身を洗うビデ（洗浄器）。

▲エンマさんは、子ども部屋にある座椅子で本を読むことが好き。

▲洗濯機。洗濯物は、ベランダや窓の下に取りつけたワイヤーなどに干すことが多い。

9

住居と習慣② 探求心にあふれた女の子

親が1番目の「相談相手」

　エンマさんは、興味をもったことすべてに挑戦する活発な女の子です。学びたいことが多すぎて習いごとが次つぎにふえ、現在は、英語、日本語、教会の入門教育、ギター、スケートボードの5つになりました。毎日、いそがしくすごしていますが、エンマさんの家の上の階に親友が住んでいるので、さびしくはありません。時間があるときは、集合住宅の裏の中庭でかくれんぼや追いかけっこをして遊んでいます。

　エンマさんの両親は「彼女はやさしい子で、勉強も自分から進んでするので、勉学では心配していない」と言います。しかし、子どもには、子どもなりの悩みがあり、子どもが悩みを最初に相談したい相手でありたいとも考えています。そこで、「家族で毎日たくさんの会話をして、子どものささいな異変も感じとれるようにしている」と話します。

▲宿題は毎日出るが、提出の期限は翌週まで。エンマさんは授業の合い間に進めるか、週末にまとめてやることが多い。

▲▶家の近くの施設（上）で、週に1回スケートボードを習う（右）。

◀エンマさんは、小学校に入学したばかりの弟の面倒をよく見る姉だ。

住居と習慣②

▲エンマさんと弟の部屋。きょうだいで2段ベッドを使っている。海をイメージした青い壁紙がお気に入りだ。

▲たくさんの本がならんでいる本棚には、日本の漫画もある。

▲エンマさんは、夕食前に父と海岸ぞいを散歩することが好き。

◀エンマさんの趣味は絵をかくこと（左）。漫画もコマ割りしてかいている（右）。

宇宙の謎にせまりたい！

エンマさんの1日

エンマさんは、朝6時50分に起きます。家を出るのは8時で、学校まで徒歩15分の距離です。下校するのは午後4時15分で、帰宅して少し休んだら習いごとへ向かいます。だいたい6時30分ごろ家に帰ってきて、8時から夕食をとり、寝るのは夜10時です。今、いちばん興味があるのは天文学や宇宙物理学で、将来は宇宙の謎に挑戦し、いつか解きあかしたいと思っています。

1日のスケジュール

- 午前0時 シャワーと翌日の準備
- 10時
- 9時 夕食
- 8時
- 6時30分 自由時間
- 4時40分 習いごと
- 4時30分 準備
- 午後4時15分 下校
- 12時（正午）
- 学校の授業
- 8時15分 登校
- 8時
- 午前6時50分 起床して準備・朝食
- 睡眠

住居と習慣③

自然豊かな地方に住む家族

▲2階建ての一軒家。現在使用していない2階は宿泊施設にする予定だ。

▲家の裏手には、知りあいの農家が経営する農場が広がっている。トウモロコシ、米、ブドウなどの栽培がさかん。

▲交通警察官の父親の影響で、ガブリエレさんもバイクが好き。バイクでアメリカを旅することが夢だ。

ギターは、今、いちばん夢中になっていることのひとつ。両親を前に演奏することもある。

築50年をこえる一軒家

　北部の都市ミラノから約60km南下したところにロベッコ・パヴェーゼという村があります。人口は500人程度で、おもな産業は農業です。日曜日には、祖父母の家に親族みんなで集まって食事をするような、昔ながらの習慣が残るこの村に、高校1年生になったばかりのガブリエレ・ザノッティさん（14歳）は住んでいます。

　ガブリエレさんが住む家は、祖父が五十数年前に建てた一軒家です。父親は交通警察官で、母親は障がい者施設の責任者です。両親は、息子がこの地で家族をもち、いつか孫の顔を見たいと内心では思っています。しかし、「彼のやりたいことを全力で応援する。今後、希望する学問がこの地域で学べないなら、喜んで外に送りだす。それが親の務めです」と話します。

住居と習慣③

▲料理が得意な母親。肉と野菜を小麦粉の生地で包んだラビオリを調理している。

▲休日には、必ず家族いっしょに食卓を囲むようにしている。

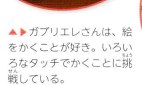
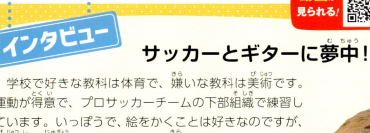
▲▶ガブリエレさんは、絵をかくことが好き。いろいろなタッチでかくことに挑戦している。

サッカーかギターで活躍したい！

動画が見られる！

インタビュー

サッカーとギターに夢中！

学校で好きな教科は体育で、嫌いな教科は美術です。運動が得意で、プロサッカーチームの下部組織で練習しています。いっぽうで、絵をかくことは好きなのですが、美術史の授業はたいくつだから嫌いです。3年前からエレキギターを習っていて、友達とバンド活動もしています。将来は、サッカーかギターで有名になれたらいいなと思っています。

イタリアの豊かな食文化

食と習慣①

南部の都市バーリの旧市街で、手づくりのオレッキエッテ（パスタの一種）を売る女性たち（上と右）。

▲▶種類が豊富なトマト（上と右上）。料理用、生食用などさまざまで、保存食としてドライトマト（右）もよく使う。

首都ローマの青空市場。色あざやかな新鮮野菜や果物がならぶ。

食と習慣①

▲鮮魚売り場。タイやメカジキ、イカやタコなどがとれるが、生で食べる習慣はほとんどない。

▲乳製品売り場。チーズは、かたさや熟成度合い、製造方法などによって細かく種類分けされる。

2000年以上の歴史をもつ

イタリア料理の歴史は、2000年以上前の古代ローマの時代までさかのぼります。食に強いこだわりをもつイタリアの人びとは、個人商店やメルカート（市場）での買い物を好みます。近くの農場で収穫された野菜や果物、近海でとれた水産物などを積極的に購入するためです。

地域の生産品をその地域で消費する「地産地消」の考えは、農家や漁師たち、地元の商店を応援することにもつながります。これは、自分が生まれ育った場所への強い地元愛のあらわれと、地域経済への持続可能な取りくみにもなっています。

ここに注目！

古代ローマの店

イタリアでは、紀元1世紀にすでに料理書があったといわれるほど、美食家の人びとが多くいました。紀元79年のベスビオ火山の噴火で埋もれた古代都市ポンペイからは、パン店や居酒屋の遺跡が見つかっています。

▲▶石臼と焼き釜があるパン店（上）と、壺を入れる穴がある居酒屋のカウンター（右）。

食と習慣②

イタリアの家庭料理

▲食事の準備をしているときからが、大切で楽しい家族の時間。

▲俊夫さんの家族の住居は、集合住宅の1階。大きな庭があるので、育てたトウガラシやトマト、ハーブなどを料理に使う。

代表的な食材や調味料

❶エキストラ・バージン・オリーブオイル ❷ガルム（カタクチイワシの魚醤） ❸白ワインビネガー ❹バルサミコ酢 ❺トマトのピューレ ❻アンチョビ ❼オリーブの塩水づけ ❽ケッパーの酢づけ ❾乾燥ポルチーニ茸 ❿サフラン

▲ムール貝のトマト煮こみ。　▲ズッキーニとエビのリゾット。

家族を結びつける食事の時間

　イタリアには、各地方に地元の食材を使った郷土料理があります。また、季節ごとの新鮮な食べ物を好み、オリーブオイルやトマト、ニンニクなどを使い、シンプルな調理法で素材の味や風味を活かした料理をつくります。

　イタリアのくらしの基本は家族です。とくに、みんなで会話をしながらとる食事は、家族の絆を強くするもっとも大切な時間です。食文化そ

食と習慣②

▼俊夫さん（左はし）の家族。たくさん会話をしながら、時間をかけて食べるのがイタリア流の食事方法。

▲タイの煮こみアクアパッツァ。　▲ジェラートの盛りあわせ。

ズッキーニとエビのリゾットのつくり方

❶ フライパンにオリーブオイルとバター、リゾット用の生米を入れて軽く炒める。

❷ 粗めにおろしたズッキーニと、野菜のブイヨンスープを少量入れて混ぜる。

❸ ブイヨンスープをつぎ足して混ぜるという工程を何度かくり返す。

❹ エビを入れて混ぜ、米に少し芯が残る程度で火を止める。バターを加え、塩コショウで味をととのえたらできあがり。

のものが日常生活に深く根づいているのです。

ローマ郊外に住む10歳の俊夫フラーヴィオ・モライス・コッパさんは、13歳の兄と、両親の4人家族です。俊夫さんは、平日は学校と習いごとでいそがしいので、手伝いはあまりできませんが、休日には、よく家族いっしょに料理をつくります。包丁を使った調理はまだしませんが、材料を用意したり、食器をテーブルにセットしたり、洗い物を食洗機に入れたりと、台所でいそがしくしています。

17

食と習慣③

食卓をいろどる料理

▶ローマにある切り売りのピッツァ店。ローマのピッツァは生地が薄くて軽い食感が特徴。

小麦粉を使った料理が多い

イタリアは、小麦粉を使った料理が豊富です。とくにパスタは、長いものや短いもの、穴が空いたもの、平たいものなど数えきれないほどの種類があります。日本でよく知られているスパゲッティもパスタの一種です。そのほか小麦粉

小麦粉の料理

▲カルボナーラ。パンチェッタ（生ベーコン）と卵黄、チーズを組みあわせたパスタ。

▲マルゲリータ。トマトソースの上にモッツァレラチーズとバジルをのせたピッツァ。

▲トマトソースのニョッキ。ニョッキとは、小麦粉とジャガイモでつくるパスタの一種。

米の料理

▲ミラノ風リゾット。米をブイヨンで煮て、サフランで香りと黄色味を加えた料理。

▲アランチーニ。米を牛乳とチーズと卵にからめ、パン粉をつけて揚げたコロッケ。

肉料理

▲ポルペッテ。あいびき肉とチーズの肉だんごをトマトソースで煮こんだ料理。

スイーツ天国

グルメの国イタリアは、多種多様な菓子があるスイーツの国でもあります。ティラミスやマリトッツォ、パンナコッタなどイタリア生まれの菓子も多く、ケーキ店やチョコレート店には宝石のようにきらびやかなスイーツがならんでいます。イタリアの人びとは、食後に必ずデザートを食べますし、朝食に菓子パンなどを食べる習慣もあります。

▲老舗チョコレート店で買い物をする家族。

食と習慣③

は、パンはもちろん、ピッツァの生地やジャガイモと混ぜたニョッキなどに調理されます。

　イタリアの人びとは、米を使った料理もよく食べます。とくに北イタリアは稲作がさかんな地域で、米を使ったリゾットや、ライスコロッケなどが食卓にのぼります。いっぽう、温暖な気候の南イタリアやシチリア島では、魚介類を食材に選ぶことが多く、トウガラシを使った辛い料理も好んで食べます。

▲コーヒーや軽食がとれるカフェ（バール）は、人びとの憩いの場。

▲ラザニア。シート状のパスタの間にソースやチーズをはさみ、何層にも重ねた料理。

▲ラビオリ。パスタ生地の中にひき肉やチーズなどの具材をつめてゆであげた料理。

魚介料理

▲魚介のフリット。イカやエビ、小魚などに小麦粉をつけて油で揚げたもの。

▲ミラノ風カツレツ。仔牛肉をたたいて薄くのばし、チーズとパン粉をつけて揚げた料理。

軽食とサラダ

▲生ハムとチーズのパニーノ。パニーノとは、具材をはさんだサンドイッチのこと。

▲カプレーゼ。トマトとモッツァレラチーズにバジルなどをそえたサラダ。

▲ティラミス。コーヒーを染みこませたスポンジとマスカルポーネクリームを重ねたケーキ。

▲マリトッツォ。ブリオッシュ生地のパンの中に生クリームをつめた菓子。

▲ジェラート。果汁や果肉、牛乳、砂糖などを混ぜて凍らせたアイスクリーム。

▲パネトーネ。ドライフルーツなどを入れた発酵菓子パン。クリスマスの定番。

イタリアの首都ローマ

まちとくらし①

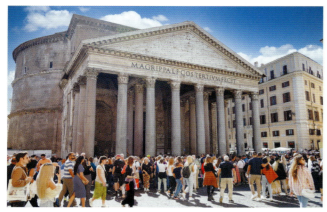

▲紀元前25年、ローマの神がみをまつるために建てられた神殿パンテオンは、その後、キリスト教の聖地となった。

▲ヴィットリオ・エマヌエーレ2世記念堂。エマヌエーレ2世は、イタリア統一に大きな役割を果たした人物で、イタリア王国の初代国王になった。

政治・経済・文化の中心地

ローマは、約275万人の人びとがくらすイタリアの首都です。大統領府や政府機関、イタリア銀行などがあり、政治・経済の中心地として機能しています。さらに、まちのあちこちで見かける歴史的な建築物や美術館、博物館は、イタリア文化の発信地になっています。

ローマのまちなみには、古代から現代までの長い歴史と文化を感じることができる、独特の雰囲気がただよっています。たとえば旧市街には、石やれんがを積みあげた家屋や石畳の小道が続き、迷路のように入りくんでいます。いっぽう、新市街は、高層ビル群と整備された広い道路が特徴で、近代的なまちづくりがされています。ローマは、歴史と文化を大切にしながら、未来へ前進していこうとする「伝統と革新の精神」を象徴するまちなのです。

ヴィットリオ・エマヌエーレ2世記念堂から見たローマのまちなみ。コロッセオ(円形闘技場)が見える(写真右)。

まちとくらし①

▲フォロ・ロマーノ（公共広場）。古代ローマの政治と宗教の中心地だった。

▲17世紀の芸術家ベルニーニ作「四大河の噴水」。ドナウ川、ガンジス川、ナイル川、ラプラタ川を4人の男性像で表している。

▲旧市街のまちなみ。建物が密集していて、石畳の小道が特徴。

▲ポルタ・ポルテーゼ蚤の市。洋服や工芸品、骨董品などの露店が、ところせましとならぶ。

▲「花畑」を意味するカンポ・デ・フィオーリ広場で開催される花市場。

21

まちとくらし②

くらしをささえる乗り物

▲▶ローマの地下鉄は、A、B、C線の全3路線。B線（上）と車両内のようす（右）。

充実した交通機関

イタリアは、交通機関が充実しています。ローマやミラノ、ナポリなどの主要都市には、地下鉄「メトロ」や市営バスの路線がはりめぐらされていて、市民の大切な移動手段になっています。また、長距離移動には、飛行機のほか、もとは国営鉄道だったトレニタリア社の高速列車「フレッチャロッサ（赤い矢という意味）」や、

▲中部の都市フィレンツェの救急車。料金は基本的に無料。

▲青色がベースの車体に、イタリア国旗の3色を取りいれたパトカー。

22

まちとくらし②

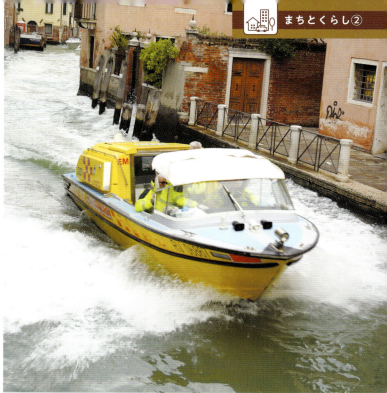
▲水の都ベネツィアの救急ボート。運河が多いベネツィアでは、陸路ではなく水路を走ることで、緊急対応がより迅速になる。

▲▶イタリアのターミナル駅のひとつミラノ中央駅。ホームに停まるフレッチャロッサ(上)と車両内のようす(右)。

▲交通量や人出が多い場所では、交通警察官が交通整理をおこなう。

NTV社が運行する「イタロ」などが、イタリア全土で運行されていて便利です。

こうした交通機関にかかわる運転士や駅員のほか、まちでは警察官や消防士、救急隊員をよく見かけます。とくに観光名所では、警察官がつねに見回りをしてまちの安全を守っています。

ここに注目! イタリアの自動車製造業

イタリアには、世界的に有名な自動車メーカーが多くあります。スポーツカーや高級車を筆頭に、経済的な小型車の生産もさかんです。高い技術力を誇り、デザイン性も兼ねそなえたそれらの自動車は、昔も今も人びとのあこがれです。

◀▲ピアッジオ社のスクーター「ベスパ」(左)と、ランボルギーニ社のスーパーカー「ウラカン・ステラート」(上)。

イタリアの公立小学校

学校生活①

義務教育は10年間

　イタリアの義務教育は、6歳から16歳までの10年間です。小学校が5年間、中学校が3年間、高校が5年間で、小学校1年生から高校2年生までが義務教育になります。高校と大学に進学するときの入学試験はありません*が、そのかわりに中学と高校の最終学年次に国家試験を受けます。この試験に合格すれば希望の進学先に進めますが、不合格になると最終学年をもう一度やり直す必要があります。

　首都ローマ郊外の海辺のまちオスティアにあるビア・ジュリアーノ・ダ・サンガッロ国立総合学校は、1934年創立の歴史ある公立校です。小中一貫の学校で、6歳から13歳までの児童約800人が学んでいます。イタリアの学校の特徴は、移民の受けいれ率が高く、この学校でも児童のほぼ半分がイタリア以外の国にルーツをもちます。また、身体にハンディキャップがある児童には、専任の先生がつねに手助けをしながら、みんなと同じクラスで勉強できるようにしています。

＊大学の医学部など、学部によっては入学試験がある。

▼授業の合い間の男子児童。サンガッロ学校には制服がない。制服のかわりに「スモック」とよばれるエプロンを着る学校もある。

5年A組の児童たち。イタリアの小学校は、1クラスの児童数は最大で26人で、通常は20人前後。

▲校舎の壁にえがかれている絵は、欧州カメ保護計画を普及させる取りくみとして、2024年の6月5日（世界環境デー）に完成した。

▲登校したら、門の前に集合して、クラス単位で校舎に入る。

学校生活①

▲図書室。低学年生の授業では、先生が読み聞かせをおこなうこともある。

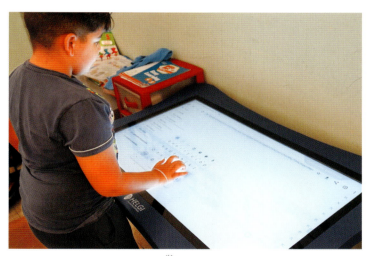

イタリアの学校制度		年齢のめやす
就学前教育	保育園（3年間）	0〜2歳
	幼稚園（3年間）	3〜5歳
初等教育	小学校（5年間）	6〜10歳
中等教育	中学校（3年間）	11〜13歳
	一般高校または技術学校、職業学校（5年間）	14〜18歳
高等教育	大学および専門大学（3年〜5年間）	19〜23歳

＊小学1年生（6歳）〜高校2年生（16歳）までが義務教育。

▲各教室に置かれているテーブル型のパソコン。児童は自由に使うことができる。

みんなで海に遊びに行きましょう！

動画が見られる！

インタビュー

マヌエラ先生（左）
アンブラ先生（右）

　ボンジョルノ（こんにちは）！イタリアの小学校は、入学から卒業まで先生も児童もずっと同じクラスです。だから、みんなとても仲よくなって一生の友達になります。また、近くに海や松林があって自然が豊かなので、みんなで校外学習に出かけることもあります。楽しいイベントも多いので、ぜひ遊びにきてくださいね！

25

国語と算数が中心の授業

学校生活②

明るい雰囲気の教室。授業によって机の配置をグループにすることもある。

■ 授業は午後4時まで

　ビア・ジュリアーノ・ダ・サンガッロ国立総合学校は、朝8時15分に最初の授業が始まり、終わるのは午後4時です＊。授業時間は、基本は1時間ですが、科目によって、長いものでは5時間のものもあります。ただし、教科書を使って5時間ずっと勉強するのではなく、グループで話しあいや工作をしたり、みんなの前で発表したりと、楽しい授業がたくさんあります。

　5年生の場合、1週間のうちで国語や算数の授業の割合が多く、ほかに外国語（英語）の授業は週に3時間あります。また、週に1回、宗教の授業がありますが、無宗教の家庭の児童は、かわりに道徳の授業を受けます。

5年A組の時間割

時間	月	火	水	木	金
8:15～9:15	国語	算数	国語	算数	国語
9:15～10:15	国語	算数	国語	算数	国語
10:15～11:15	英語	体育	国語	英語	国語
11:15～12:15	英語	算数	国語	英語	国語
12:15～13:15	体育	歴史	宗教/道徳	国語	算数
13:15～14:00＊	体育	算数	宗教/道徳	演劇	算数
14:00～15:00	給食/昼休み				
15:00～16:00	音楽	歴史	幾何学	地理	科学

＊給食/昼休み前の授業は45分間。

▶▼国語の文法（右）と、地理（下）の教科書。写真やイラスト入りでわかりやすい。

＊小学校の5年間、午前中のみの授業のクラスがあり、入学時に選択が可能。そのクラスの児童の場合は、多めの宿題が出る。

学校生活②

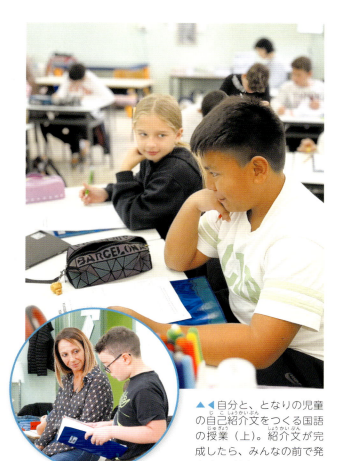

▲▼ルールについて話しあう道徳の授業。4人でグループになって考えをまとめ（上）、家庭や友達どうし、学校のルールについて1枚の紙にまとめて発表する（下）。

▲◀自分と、となりの児童の自己紹介文をつくる国語の授業（上）。紹介文が完成したら、みんなの前で発表する（左）。

▲幾何学の授業。先生が電子黒板を活用して質問し、児童が前に出て答える。

自分の考えを言葉にする

　イタリアの小学校では、教科書の内容にそった基本的な授業のほか、自分を表現する力を養うための授業が多くあります。自分の考えをしっかりと言葉にし、次に他人の意見を聞きます。

　もし、自分と他人の考えがちがうときは、おたがいにどうしたらいいのかを話しあいます。この会話をくり返すことで、みんながもっと仲よくなれると信じているからです。

休み時間と給食

学校生活③

▲休み時間になると、軽食を持って教室を出る。廊下は1列になって歩く。

午後2時からの給食までお腹がすかないように、午前中の休み時間に、家から持ってきたサンドイッチや総菜パン、クッキーなどを食べる。

休み時間は先生が決める

　サンガッロ学校では、午前中に20分程度の休み時間があります。時間割に休み時間は書かれていませんが、先生が授業の進みぐあいと担当クラスの児童の年齢にあわせて決めます。児童たちは、校庭や中庭に出て、学校で配られるおやつのほか、持参したサンドイッチなどの軽

▲紙ヒコーキをつくり、飛ばした距離を競って遊ぶ児童たち。

▲おしゃべりを楽しむ児童たち。

28

学校生活③

▲食堂に移動して給食をとる。給食の材料は、すべて有機栽培でつくられたもの。

食をとったり、遊具で遊んだりします。

　給食は、5年生の場合は午後2時から食堂に移動して食べます。メニューは、サラダやチーズ、パスタ（またはピッツァ、ニョッキ）、デザートが基本で、おかわりも自由です。アレルギーやベジタリアン食、宗教食に対応しているところも、さまざまな民族がくらすイタリアらしい特徴です。

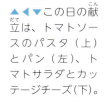
▲◀▼この日の献立は、トマトソースのパスタ（上）とパン（左）、トマトサラダとカッテージチーズ（下）。

▲この日のデザートは、リンゴ（左）と、ジャムパン（右）。

29

子どもの遊び

外遊びやゲームを楽しむ

さまざまな遊び

　イタリアでは、放課後に学習塾に通っている子どもはほとんどいません。そのかわり、多くの子どもがスポーツや芸術、外国語の教室などに通っています。そうした習いごとでいそがしくしている子どもたちですが、わずかでも時間があれば、友達とおしゃべりをしたり、公園に行ったり、家の中で遊んだりします。

　屋外の遊びには、かくれんぼやおにごっこ、なわとびなど、日本と似たものもたくさんあります。屋内では、家族や友達とチェスや日本のすごろくのようなボードゲーム、トランプなどを楽しむことが多く、ぬり絵をしたり漫画を読んだりして1人の時間をすごすこともあります。

▲休日の昼食後、家族でトランプをする。「スカーラ40」というイタリアで定番のゲーム。

▲体操着姿で、下校中におしゃべりを楽しむ。

▲広場に集まった子どもたち。キックスケーターに乗ったり、サッカーボールで遊んだりしている。

▲授業の合い間の休み時間に、SNSではやっているダンスをする女の子たち。

子どもの遊び

▲カラフルなペンをたくさん使ってぬり絵をする。

▲日本の漫画はイタリアでも大人気。お気に入りの漫画をくり返し読む。

▼▶首都ローマにある玩具店（下）と、ピノキオのぬいぐるみ（右）。『ピノキオ』は、イタリアの作家が書いた童話。

動画が見られる！

サッソ、カルタ、フォルビチ！

▲サッソ（石）、カルタ（紙）、フォルビチ（ハサミ）のかけ声でじゃんけんする。

ここに注目！

子どもにつきそう親たち

イタリアでは、11歳未満の子どもだけでの外出や留守番、14歳未満の子どもを室内や車内に放置することが法律で禁止されています。そのため、親だけでなく、祖父母やベビーシッターといっしょにいる子どもをまちでよく見かけます。

▲休日の公園には、子どもの人数と同じくらいの保護者がそろう。

スポーツ・娯楽

家族や友達との楽しい時間

▲休日には、家族でまちを散歩したり、買い物を楽しんだりする。

南部アマルフィ海岸のビーチ。アマルフィは、イタリア随一のリゾート地。

休日のすごし方

イタリアでは、休日に家族みんなでよく出かけます。まちや公園で散歩やサイクリングを楽しんだり、遊園地や博物館に行ったりすることもあります。夏休みなどの長期の休暇には、海水浴やハイキングなどに出かけることが多く、

▲北部の都市ミラノにあるレオナルド・ダ・ビンチ記念国立科学技術博物館。SLなどの鉄道車両（上）や、宇宙開発にまつわる展示品（下）など、科学技術の歴史を知ることができる。

▲時期によって開催地を変える移動式遊園地のメリーゴーラウンド。

スポーツ・娯楽

首都ローマのコロッセオに向かってサイクリングをする家族。

▶海岸で石を投げる遊び「水切り」をする子ども。

豊かな自然のなかですごすことを好みます。

　イタリアの人は体を動かすことが大好きです。いちばん人気のスポーツはサッカーで、各地域には必ずといっていいほどサッカーのクラブチームがあります。ほかにバレーボールやテニス、水泳、バレエなども人気の習いごとです。

▼サッカーイタリア代表の公式ショップ（上）と、お気に入りのクラブチームの試合を観戦しにきた人たち（下）。

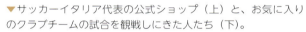

毎試合、すごく盛りあがるんだよ！

キリスト教と現代のくらし

行事と冠婚葬祭①

国民の大半がキリスト教徒

　イタリアには、国が定めた国教はなく、あらゆる信教の自由が憲法でみとめられています。国民のほとんどはキリスト教徒（カトリック）ですが、無宗教の人も増加傾向にあり、教会の影響力は年ねん低下してきています。

　とはいえ、どんな小さなまちにも教会があり、教会前の広場が地元の人びとの憩いの場所になっています。定期的に教会のミサに通うことはしなくても、ほとんどの人が教会で結婚式をあげ、子どもが生まれたら赤ちゃんに洗礼式を受けさせます。また、1年を通してみると、復活祭やクリスマスなど、キリスト教に関連する行事や祝祭日が多いことも事実です。

▲数年前、教会で洗礼式を受けたエンマさん（→p8）の弟（右はし）。式後には、親族みんなでお祝いの食事会をする。

世界最大級のゴシック建築物であるミラノ大聖堂（ドゥオーモ、下）と、聖堂内でおこなわれる日曜日のミサ（左）。

行事と冠婚葬祭①

イタリアのおもな祝祭日（2024年）

1月	1日	新年
	6日	主顕節の日（公現祭）
3月	31日	復活祭
4月	1日	イースターマンデー（復活祭月曜日）
	25日	解放記念日
5月	1日	メーデー（労働者の日）
6月	2日	共和国建国記念日
8月	15日	聖母被昇天祭
11月	1日	万聖節（諸聖人の日）
12月	8日	聖母受胎祭
	25日	クリスマス
	26日	聖ステファノの日

＊復活祭やイースターマンデーなどは、毎年日付が変わることに注意。そのほか、各都市でそれぞれの守護聖人にちなんだ祝日（4月25日：ベネツィアの聖マルコの日、9月19日：ナポリの聖ジェンナーロの日、12月7日：ミラノの聖アンブロージョの日など）がある。

▲飾りつけ用の小物や食べものの屋台がならぶクリスマス・マーケットで、サンタクロースと記念撮影するエンマさんきょうだい。

▲ローマのサン・マルチェロ・アル・コルソ教会で、生命の象徴であるろうそくに火を灯すカトリック信者。

▲カトリックの修道会のひとつであるカプチン会の教会にある納骨堂。修道士の遺体と骨を使い、永遠の命と信仰の強さを表現している。

＊修道会とは、キリスト教の誓いを立てた修道士や修道女が共同生活をしながら、祈りや奉仕をおこなう団体。

ここに注目！

世界最小の国・バチカン市国

首都ローマ市内には、キリスト教カトリックの総本山であり、世界最小の国でもあるバチカン市国があります。ローマ・カトリック教会の首長ローマ教皇が住んでいるところで、サン・ピエトロ大聖堂やバチカン宮殿などがあります。毎年、多くの信者が巡礼に訪れるカトリックの聖地です。

▼▶サン・ピエトロ大聖堂をのぞむ広場（下）と、バチカン美術館の「地図の間」（右）。

さまざまな式典やイベント

祭りや誕生日会

　陽気に楽しむことが大好きなイタリア人にとって、祭り（フェスタ）はくらしのなかに欠かせないものです。各地方で独特の祭りがあり、その多くは、長い歴史でつちかわれた文化や風習に、宗教的な意味合いが融合した行事です。

　子どもの誕生日会は、自宅で開くこともありますが、公園や飲食店の一角を借りて開くことが多いようです。また、まちのいたるところに美しい遺跡があるイタリアでは、その遺跡をバックに、記念写真（ウェディングフォト）の撮影をしている新婚カップルをよく見かけます。

北東部の都市ベネツィアの謝肉祭（カーニバル）。仮面をつけて派手な仮装をした人たちが観客に見せたり、舞踏会や寸劇をしたりする。

▲ミラノ記念墓地の一般的な墓地（上）と、共同墓地（下）。埋葬方法は基本的に土葬だが、近年は火葬もふえている。「死者の日」である11月2日に墓参りをする習慣がある。

カメラマンをたずさえ、遺跡の前で結婚の記念写真を撮影する新郎新婦。

行事と冠婚葬祭②

▲家の裏庭で開かれた誕生日会。大きなケーキを前にみんな大興奮。

ここに注目!

各地で開かれるイベント

イタリアでは、夏の終わりから秋にかけて各地で収穫祭（サグラ）が開かれます。たとえば北西部アルバの「白トリュフ祭り」、北部トレントの「リンゴ祭り」やコマッキオの「ウナギ祭り」、中部の各地域で「栗祭り」、イタリア全土で「ブドウ（ワイン）祭り」など、さまざまです。秋の実りに感謝し、地元の名産品をみんなで食べて楽しむ、イタリアならではの豊かな食文化といえます。

▲▶中部の海辺のまちオスティアで開催された「イカ祭り」。地元のシェフが教えるイカの料理教室（上）や、調理したイカ料理の提供（右）が人気。

美食の国の生産者たち

くらしの多様性①

パルミジャーノ・レッジャーノ工房

▲◀牛乳に酵素を入れてかくはんすると、鍋底にチーズの粒がたまる。この粒のかたまりを、布を使って持ちあげ（上）、2つに切って水分を抜く（左）。

▲丸い型枠に入れて水分をぬいたあと、塩のプールに20日間つける。

▲数日間乾燥させたあと、熟成庫で6か月〜48か月熟成させて完成。

農業大国イタリア

　イタリアは、ヨーロッパ有数の農業大国です。小麦やオリーブ、ブドウ、トマト、柑橘類の果物などが主要な農産物で、それらはパスタやオリーブオイル、ワインなどにも加工されます。また、古くから各地の風土を活かしてつくられてきたチーズは、500種類以上もあるとされ、イタリア食文化の象徴のひとつになっています。なかでも北部で生産されるパルミジャーノ・レッジャーノというかたいチーズは、「イタリアチーズの王様」とよばれるほどの人気を誇ります。

くらしの多様性①

▲▶山や丘をおおうように一面に広がるアマルフィのレモン畑（上）。この地域でとれるレモンは、果実が大きく皮が肉厚なことが特徴（右上）。果実だけでなく、酒（リキュール）や菓子などに加工される（右下）。

▼石垣に入りこんだ雑草をかる。定期的にからないと石垣が崩れてしまう。

アマルフィのレモン農園

イタリア南部アマルフィはレモンの名産地です。山や丘の斜面に築いた石垣の上に、柔軟で耐久力のあるクリの木でつくった果樹棚からレモンがぶらさがるように実っています。この地で200年続くルイージさんの農園では、レモンの生産以外に見学ツアーや料理教室を開催するなど、経営存続のために試行錯誤を続けています。

レモンは私の人生そのものさ！孫が継いでくれてうれしいよ！

後継者不足に悩む農業

農業は、労働時間が長く体力的にきつい作業が多いため、農園に就職する若者が減っています。また後継ぎがいない農園では、耕作放棄地＊もふえています。レモン栽培に人生を捧げたという5代目のルイージさん（90歳）は、孫のジャンマルコさん（25歳）が7代目としてこの農園を継ぐ決心をしたことに、喜びを隠しきれません。

＊農作物の作付けをせず、今後も栽培の予定がない土地のこと。

39

くらしの多様性②

職人のていねいな手仕事

革工房

❶革の上に刃型を置き、プレス機で裁断する。
❷木型に革を合わせ、糊で成形。その後、余分な糊をふきとる。
❸革に均等に水分をふくませたのち、ハケで染色して乾燥させる。
❹研磨機を使って艶と光沢を出す。写真は熟練職人の荒山さん。

動画が見られる！

ものづくりの国イタリア

　イタリアは、革製品や陶器、家具、ガラス細工などの伝統工芸がさかんな国で、伝統技術を受けついだ熟練の職人がたくさんいます。

　イタリア中部の都市フィレンツェに、ファビオさんの革工房があります。ファビオさんは、「仕事を楽しみ、ていねいな作業を積み重ねることで、作品に魂を宿らせるのだ」と話します。

❺革包丁やヤスリで削り薄くした部分を金づちで叩いて糊づけすることで、1枚の革のように見せる。左写真の作品はメガネケース。

インタビュー

ファビオ・カパンニさん
[フィレンツェ伝統工芸革工房CAF 代表]

　私はこの工房の2代目で、約70年前に工房を開いた父のもとで修業しました。父の教えはきびしかったですが、商品のクオリティへの追求と顧客への信頼、仕事に対して妥協を許さない姿勢を学びました。時間をかけて手がけた製品がお客さんの手にわたり、長く愛されていることを知るのは、何ものにもかえがたい幸せです。

好きなことに全力で向きあおう！

陶器工房

くらしの多様性②

❶土をこね、足で切りかえをする電動ろくろを使って成形する。

❷乾燥させたのち、10時間素焼き（最高温度900℃）する。

❸釉薬につけて表面をガラス質の膜でおおい、乾燥させる。

家族全員が陶器職人

イタリア南部のビエトリ・スル・マーレは、陶器マヨリカ焼きのまちです。この地に6世代にわたる陶芸一家ダリエンツォ家が経営する陶器工房があります。代表のウンベルトさんを中心に、家族全員が陶器職人で、それぞれが成形や絵付けなどを担当し、家庭的な雰囲気の工房から、毎日色あざやかな作品が生みだされます。

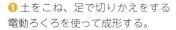

❹自然由来の顔料で絵付けする（左）。繊細な筆はこびで手描きする（上）。

❺窯づめして12時間本焼き（最高温度960℃）し、12時間冷やしてから窯出しする。作品を運ぶ代表のウンベルトさん（右）と弟のマリーノさん（左）。

動画が見られる！

▲▶あざやかな色彩が特徴のマヨリカ焼き。この工房では、自然を題材にした絵柄の作品が多い。

SDGsとくらし

持続可能な社会の実現に向けて

▲高潮で浸水したサン・マルコ広場。地球温暖化でアドリア海の水位が上がり、ベネツィアでは高潮の被害がふえている。

▲身動きがとれないほどの観光客であふれたベネツィアのサン・マルコ大聖堂前。

▼大気汚染対策や騒音対策のため、電気で走るバスがふえてきている。

ポンペイの遺跡と、その奥に見えるベスビオ火山。紀元79年に噴火し、火山灰が古代都市を埋めつくした。

SDGsの目標にもとづいた取りくみ

　イタリアは、SDGsの目標のなかでもとくに環境保護や脱炭素化、教育、男女平等に力を入れている国です。日本と同様に火山活動が活発な地域で、ポンペイなどの古代都市が火山灰で埋めつくされた歴史もあり、自然との向きあい方について小学校から勉強します。

　イタリアは世界有数の観光大国で、観光業が国内総生産（GDP）の約13％を占めますが、近年はオーバーツーリズム＊が問題になっています。政府は、1日の観光客数の制限や観光地の分散化、環境にやさしい交通機関とサービスの整備など、その対策を進めています。

＊過剰な数の観光客が原因で、その地域の環境や地元住民の生活に影響をあたえたり、観光客の体験にも悪影響が出たりする状態のこと。

42

▶火山灰などにのみこまれた人の石像（遺体のまわりに石膏を入れて型どりしたもの）のほか、数かずの出土品が見つかっている。

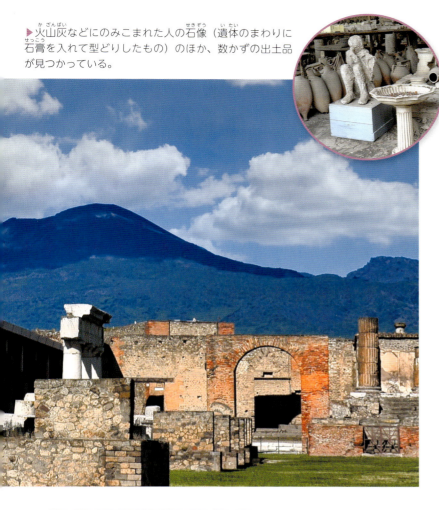

SDGsとくらし

▲ペットボトル回収ボックス。ペットボトルを入れると、地下鉄の割引券が発行される。

▲まちじゅうにある公共の水飲み場を利用する人びと。ペットボトルの消費を減らすのに役立っている。

▲▼レオナルド・ダ・ビンチ記念国立科学技術博物館にあるSDGs学習コーナー（上）では、ごみの種類や処理の方法（左下）、廃棄物が分解されるまでの時間（右下）などが学べる。

▲都市部では交差点ごとにごみ箱が設置されている。ごみ収集車も1日じゅう作業している。

43

経済的結びつきと文化交流

日本との関係

着物姿のマリア（上）と、長崎の西坂刑場で殉教したキリスト教徒26人（下）の壁画。

ローマの西北西にある港まちチビタベッキアにたつ教会。1615年、仙台藩主伊達政宗の命を受けた支倉常長率いる慶長遣欧使節団がこの港に上陸した。19～20世紀に、この聖堂を日本聖殉教者教会と名づけて改修した。

▲教会から数km離れた場所に、支倉常長の像が置かれている。

敗戦からの復興を果たした両国

　日本とイタリアの両国が正式に外交的な関係を築きはじめたのは、日本が明治時代に入ってからです。イタリアは1861年に統一を果たしてヨーロッパの強国のひとつとなり、日本は明治維新によって近代化を進めていた時期です。

　第1次世界大戦で両国は同じ連合国側につき、第2次世界大戦でもドイツをふくめた枢軸国の一員として軍事的な協力関係にありました。敗戦後の両国は、ともに民主化を進め、経済的な復興を果たしました。

　現在の両国は、主要国首脳会議（G7）のメンバーとして政治・経済的に協力しあい、文化や芸術、スポーツ関連での交流もさかんです。

▲◀日立製作所のグループ会社「日立レール」は、イタリアの車両会社。この会社が製造したイタリアの2階建て通勤車両ロック（左）と、自転車も置ける車両内のようす（上）。

日本との関係

▲漫画専門書店。ほとんどの書店には漫画コーナーがあり、漫画やアニメ商品だけを売る専門書店も多い。

▲週1回、日本語を勉強しているエンマさん（→ p8）。先生は、クラスメートの母だ。

◀▲アスレチックセンター・オスティアで柔道を学ぶ子どもたち。

いろんな人の集まりで世界ができているんだよ！

インタビュー

アントネッロ・アリアノ 師範
[アスレチックセンター・オスティア代表]

　私は11歳から40年以上柔道を続けてきましたが、今もなお毎日が勉強です。それは柔道家として強くなりたいだけではなく、人として心も強くなりたいからです。この道場では、身体にハンディキャップのある子も、みんなといっしょに練習します。誰もが身体の大きさや足の速さにちがいがあるように、ハンディキャップもその人の個性だと、子どもたちに知ってほしいからです。柔道を通して礼節や相手を敬う心、友愛の精神を身につけてほしいと思っています。

巻末資料

イタリア基本データ

正式国名
イタリア共和国

首都
ローマ

言語
公用語はイタリア語。地域によってかなり違いのある方言が存在する。また、国境近くではフランス語、ドイツ語、スロベニア語なども使用されている。

民族
ラテン系、ケルト系、ゲルマン系、古代ギリシャ人などの混成民族であるイタリア人がほとんど。少数民族として北部にドイツ系、フランス系、スロベニア系、南部にアルバニア系、ギリシャ系などが住む。近年、移民が急増しており、とくにアフリカ大陸からイタリアをめざして地中海をわたる人の事故死が問題になっている。

宗教
国民の大半がキリスト教のカトリック教徒。プロテスタントは少数。ほかにイスラム教、ユダヤ教、仏教など。無宗教の人も一定数いる。

▼北東部の水の都ベネツィアにあるサン・マルコ寺院で、ろうそくに火を灯すカトリック信者。

通貨
通貨単位はユーロ。紙幣は500、200、100、50、20、10、5ユーロの7種類。硬貨は2、1ユーロと50、20、10、5、2、1セントの8種類。1ユーロは160円前後（2025年3月現在）。

▲2025年3月現在、イタリアで使用されているユーロ紙幣と硬貨（一部）。

政治
共和制。元首は大統領。大統領は、全議員と各州議会から選出された選挙人による秘密投票で選出される。行政の長である首相は大統領が任命し、議会が信任する。議会は二院制で、上院（議席定数200＋終身議員5）、下院（議席定数400）からなり、両院ともに任期は5年で、国民の直接選挙で選出される。選挙権は18歳から。

情報
テレビは、公共放送機関の「イタリア放送協会（RAI）」がもつ3チャンネルのほか、民間放送の「メディアセット」の3チャンネルなどがある。ほかに有料放送も多数。ラジオは、公共3チャンネルのほか、民間放送も多数。新聞は、一般紙「ラ・レプッブリカ」「コリエーレ・デラ・セラ」「ラ・スタンパ」、スポーツ紙「ガゼッタ・デロ・スポルト」、経済紙「イル・ソーレ・24オーレ」などがある。

産業
主要産業は、北部を中心とした製造業（機械、繊維・衣料、自動車、鉄鋼）と、南部を中心とした農業や観光業。農業生産額はEU第3位の規模であり、食品産業が高い評価を受けている。また、世界有数の観光大国として、観光業が国内総生産（GDP）の約13％を占める。

貿易

輸出総額 6770億ドル（2023年）

おもな輸出品は、機械類、医薬品、自動車、衣類、鉄鋼など。おもな輸出先はドイツ、アメリカ、フランス、スペインなど。

輸入総額 6396億ドル（2023年）

おもな輸入品は、機械類、自動車、医薬品、原油、天然ガスなど。おもな輸入先はドイツ、中国、フランス、オランダなど。

日本への輸出 1兆6865億円（2023年）

おもな輸出品は、バッグ類、一般機械、衣類、乗用車、たばこなど。

日本からの輸入 8518億円（2023年）

おもな輸入品は、乗用車、一般機械、鉄鋼、オートバイ、電気機器など。

軍事
兵力 16.2万人（2022年）

陸軍9万3000人、海軍2万9000人、空軍3万9000人。徴兵制（兵役）はない。

イタリアの歴史

ローマ帝国の繁栄と滅亡

現在のイタリアの地に最初に文明を開いたのはエトルリア人でした。上下水道を整備するなど、都市国家を形成しましたが、紀元前3世紀ごろ、これにとってかわって半島を統一したのが古代ローマ人です。この間、シチリア島などの南部にはギリシャ人も入植しており、ローマ人は彼らの文化を吸収します。

その後ローマ人は半島だけでなく、アフリカをふくめて地中海沿岸を支配します。首都ローマにはコロッセオやパンテオンが建設され、紀元1～2世紀にかけて大帝国を築きました。この時期、ポンペイウス、クラッスス、カエサルの3人の指導者による三頭政治、そしてアウグストゥスの帝政、これに続く五賢帝の時代に道路が整備され、経済活動が活発になりました。最盛期の領土は、現在のイギリスやイラクまで広がり、「すべての道はローマへ通ず」といわれるほど、帝国のすみずみにまでローマの影響がおよびました。

◀ポンペイの壁画。ベスビオ火山の噴火で埋もれた都市ポンペイは、古代ローマ時代の人びとのくらしを知るうえで貴重な遺跡。

4世紀に入ると、帝国内ではしだいに首都ローマの求心力が弱まっていき、395年、ローマ帝国は東西に分裂します。さらに現在のイタリアにあった西ローマ帝国は、北方からのゲルマン人の侵入によって476年に滅亡しました。その後のイタリアは、さまざまな民族や国によって支配される時代が長く続きました。

中世都市とイタリア統一

11世紀ごろから、ベネツィアやジェノバ、ピサなど北イタリアの都市は、交易によって力をつけていきます。こうして発展した各都市は、「コムーネ」とよばれる自治都市をつくり、たがいに対抗したり、ときには同盟を結んだりして外敵に備えました。いっぽう、南イタリアは、9世紀にイスラムの支配を受けたのち、1130年にはノルマン人がシチリア王国を建設しました。

13世紀に入ると、都市間での抗争がはげしくなり、ミラノ、ベネツィア、ジェノバ、フィレンツェ、ナポリなどが勢力をのばします。各都市をおさめる有力者たちは、学問や芸術に惜しみない支援をしたことで、各地で独自の文化が生まれました。これが、15世紀半ばに花開いた「ルネサンス」へと発展していくのです。

◀北部の都市フィレンツェにあるサンタ・マリア・デル・フィオーレ大聖堂（花の聖母大聖堂）。フィレンツェは、ルネサンスの中心的な都市だった。

いっぽうで、イタリア半島が各都市に分裂していた弊害もありました。フランスやスペイン、神聖ローマ帝国、オーストリアなど、大国からの介入に対抗できる力をもっていなかったのです。イタリア戦争やナポレオンのイタリア遠征、そして革命や独立戦争など、幾多の戦乱を乗りこえ、1861年、サルデーニャ王国がイタリアを統一します。西ローマ帝国の滅亡（476年）後、現在のイタリアのもとになったイタリア王国が生まれるまで、じつに約1400年の年月を要しました。

2つの世界大戦とその後

19世紀末、北部のミラノやトリノを中心に工業化が進み、大規模な農業も発展しました。いっぽうの南部は、産業の中心が農業で規模も小さいため、南北で経済格差が生まれます。第1次世界大戦が始まると、イタリアは連合国（イギリス・フランス）側について戦います。戦後、社会が混乱するなかで力をつけたのが、ファシスタ党です。代表のムッソリーニは、政権をうばって独裁政治を始めました。その後ドイツや日本と同盟を結び、第2次世界大戦に参戦しますが、敗戦。1946年に王政が廃止され、共和制に移りました。

1957年、フランスや西ドイツなどとともに欧州経済共同体（EEC）を結成し、経済は高度に成長しました。さらに1999年には欧州連合（EU）のユーロ通貨統合にも加わりました。イタリアが現在直面している問題は、経済成長の勢いのおとろえと若者の失業率の高さ、アフリカなどからの移民の増加などで、これらの問題にどう対応していくか、今後も注目です。

さくいん

あ

アウグストゥス	6
アオスタ渓谷	4
アクアパッツァ	17
アドリア海	4、42
アペニン山脈	4
アマルフィ	4、32、39
アランチーニ	18
アルプスアイベックス	4
アルプス山脈	4、5
イタリア王国	7、20
ヴィットリオ・エマヌエーレ2世	20
オーバーツーリズム	42
おにごっこ	30
オリーブ（オイル）	5、16、17、38

か

海洋国家	4
かくれんぼ	30
カツレツ	19
カフェ（バール）	19
カプレーゼ	19
カルボナーラ	18
革工房	40
観光業	7、42
義務教育	24、25
救急車	22
給食	26、28、29
キリスト教	6、20、26、34、35、44
クリスマス	9、19、34、35
慶長遣欧使節団	44
結婚式	34
公園	4、30、31、32、36
高速列車	22
古代ローマ	6、15、21
小麦（粉）	13、18、19、38
米	12、17、18、19
コロッセオ（円形闘技場）	6、20、33

さ

サイクリング	32、33
サッカー	13、30、33
サフラン	16、18
サン・ピエトロ大聖堂	35
ジェラート	17、19
死者の日	36
シチリア	5、19
謝肉祭（カーニバル）	36
じゃんけん	31
収穫祭（サグラ）	37
柔道	45
修道会	35
宿題	10、26
水泳	33
スケートボード	10
世界遺産	4
洗礼式	34

た

伊達政宗	44
ダ・ビンチ	7
誕生日会	36、37
チーズ	4、15、18、19、29、38
チェス	30
地下鉄「メトロ」	22
地産地消	15
地中海	4、6
地中海性気候	5
ティラミス	18、19
テニス	33
トウガラシ	16、19
陶器工房	41
『東方見聞録』	7
トスカーナ	5
トマト	14、16、18、19、29、38
トランプ	30

な

ナポリ	22、35
なわとび	30
日本聖殉教者教会	44
ニョッキ	18、19、29
ニンニク	16
農業	4、7、12、38、39
蚤の市	21

は

バーリ	14
パスタ	14、18、19、29、38
支倉常長	44
バチカン市国	35
パトカー	22
パニーノ	19
パネトーネ	19
バルサミコ酢	16
バレエ	33
バレーボール	33
パレルモ	5
パン	15、18、19、28、29
パンテオン	20
パンナコッタ	18
ピッツァ	18、19、29
『ピノキオ』	31
フィレンツェ	7、22、40
フォロ・ロマーノ（公共広場）	21
復活祭	34、35
ブドウ	5、12、37、38
ベスビオ火山	15、42
ベネツィア	7、23、35、36、42
ベルニーニ	21
ポー川	4、5
ボードゲーム	30
墓地	36
ポルペッテ	18
ポンペイ	6、15、42

ま

祭り（フェスタ）	36
マリトッツオ	18、19
マルゲリータ	18
マルコ・ポーロ	7
漫画	11、30、31、45
ミラノ	5、12、18、19、22、23、32、35、36
ミラノ大聖堂（ドゥオーモ）	34
明治維新	44
メルカート（市場）	15

や

遊園地	32

ら

ラザニア	19
ラビオリ	13、19
リゾット	16、17、18、19
ルネサンス	7
レオナルド・ダ・ビンチ記念国立科学技術博物館	7、32、43
レモン	39
ローマ	6、8、14、17、18、20、22、24、31、33、35、44

わ

ワイン	5、16、37、38

取材を終えて

関根 淳(せきね まこと)

今回の取材中、イタリアの人びとから何度も耳にした言葉があります。それは「インクルーシブ」という言葉で、病気や身体のハンディキャップ、出身国や宗教、文化、性別などといった、さまざまなちがいをこえて、みんながいっしょにくらせる「多様性のある」社会のことです。取材したローマ郊外の小学校では、児童の半数が外国にルーツをもち、身体にハンディキャップがある児童も、同じクラスでいっしょに勉強していました。そして柔道教室の師範は、「みんなちがってあたりまえ。そのちがいが個性なのだから、クラス分けして別べつに指導することはしません」と話してくれました。

この「インクルーシブ」という言葉を頭に置きながら、授業中や休み時間中の子どもたちのふるまいを見てみました。すると、課題を早く終えた児童が、イタリア語の理解がまだじゅうぶんでなく、課題に手こずっているクラスメートにアドバイスしている姿や、身体にハンディキャップのある児童の手助けをしているようすが目に入るようになりました。みんな、ごく自然にそうしたふるまいをしていることに、他人を思いやる素敵な環境があるのだと、うれしくなりました。

多様性のある社会とは、なんとなく私のイメージでは、

▲出身国や身体のハンディキャップなど、さまざまなちがいをこえて、みんな仲よしのサンガッロ国立総合学校の児童たち。

外国の人や身体にハンディキャップのある人、性別のちがいもふくめて、いろんな人がいる社会のことだと思っていました。しかし今回の取材で、さまざまな人がただ、「いる」だけで、おたがいが見知らぬふりをしていたら、「いない」ことと同じではないかと思うようになりました。ちがいのある人びとが「つながる」ことで、はじめて本当の多様性のある社会が実現するのではないかと。今後、取材者として、人として他人とどう接するべきか、イタリアの小学生に教えていただいた取材になりました。

● 監修
八十田博人(やそだ ひろひと)（共立女子大学国際学部教授）

● 取材協力（順不同・敬称略）
ピア・ジュリアーノ・ダ・サンガッロ国立総合学校／ボルザッキエッロ家／ザノッティ家／福田敦子＆家族／アマルフィ・レモン・エクスペリエンス／ウゴロッティ・チーズ工房／フィレンツェ伝統工芸革工房 CAF／ラ・ヴィエトレーゼ陶器工房／レオナルド・ダ・ビンチ記念国立科学技術博物館／アスレチックセンター・オスティア／アセヴェド・ホルバート・カタリン／荒山尚久／鈴木郁／長谷部仁子／

● 参考文献
坂井一成・八十田博人編『よくわかる EU 政治（やわらかアカデミズム・〈わかる〉シリーズ）』（ミネルヴァ書房）／森井裕一編・分担執筆『ヨーロッパの政治経済・入門』（有斐閣）／内田洋子著『イタリア暮らし』（集英社インターナショナル）／銀城康子著 マルタン・フェノイラスト『イタリアのごはん（絵本世界の食事4）』（農山漁村文化協会）／ロバート・アンダーソン著 マイケル・ダンフォード／フランチェスコ・パストーレ監修『イタリア（ナショナル・ジオグラフィック世界の国）』（ほるぷ出版）／2019 年度地域コアリーダープログラム・イタリア派遣団編『イタリアで見つけた共生社会のヒント フル・インクルーシブ教育に基づく人々の暮らし』（あけび書房）／『データブック・オブ・ザ・ワールド 2025』（二宮書店）

● 地図：株式会社平凡社地図出版
● 校正：株式会社鷗来堂
● デザイン：株式会社クラップス（佐藤かおり）

現地取材！ 世界のくらし 24

イタリア

発行　2025 年 4 月　第 1 刷

文・写真	関根 淳（せきね まこと）
監修	八十田博人（やそだ ひろひと）
発行者	加藤裕樹
編集	松原智徳、原田哲郎
発行所	株式会社ポプラ社
	〒141-8210 東京都品川区西五反田 3 丁目 5 番 8 号 JR目黒MARCビル12階
ホームページ	www.poplar.co.jp（ポプラ社）
	kodomottolab.poplar.co.jp（こどもっとラボ）
印刷・製本	株式会社精興社

©Makoto Sekine 2025　Printed in Japan
ISBN978-4-591-18456-1
N.D.C.293/48P/29cm

落丁・乱丁本はお取り替えいたします。ホームページ（www.poplar.co.jp）のお問い合わせ一覧よりご連絡ください。
読者の皆様からのお便りをお待ちしております。いただいたお便りは制作者にお渡しいたします。
本書のコピー、スキャン、デジタル化等の無断複製は著作権法上での例外を除き禁じられています。
本書を代行業者等の第三者に依頼してスキャンやデジタル化することは、たとえ個人や家庭内での利用であっても著作権法上認められておりません。
QRコードからアクセスできる動画は館内や館外貸出ともに視聴可能です。
P7211024

現地取材！ 世界のくらし

Aセット 全5巻（①〜⑤） N.D.C.292

①	日本	常見藤代／文・写真 アルバロ・ダビド・エルナンデス・エルナンデス／監修
②	韓国	関根淳／文・写真 李香鎮／監修
③	中国	吉田忠正／文・写真 藤野彰／監修
④	モンゴル	関根淳／文・写真 尾崎孝宏／監修
⑤	ネパール	吉田忠正／文・写真 藤倉達郎、ジギャン・クマル・タパ／監修

Bセット 全5巻（⑥〜⑩） N.D.C.292

⑥	フィリピン	関根淳／文・写真 寺田勇文／監修
⑦	インドネシア	常見藤代／文・写真 倉沢愛子／監修
⑧	マレーシア	東海林美紀／文・写真 新井卓治／監修
⑨	ベトナム	小原佐和子／文・写真 古田元夫／監修
⑩	タイ	小原佐和子／文・写真 馬場雄司／監修

Cセット 全5巻（⑪〜⑮） N.D.C.292

⑪	カンボジア	小原佐和子／文・写真 福富友子／監修
⑫	インド	常見藤代／文・写真 山下博司／監修
⑬	スリランカ	東海林美紀／文・写真 荒井悦代／監修
⑭	ウズベキスタン	関根淳／文・写真 帯谷知可／監修
⑮	トルコ	東海林美紀／文・写真 イナン・オネル／監修

Dセット 全5巻（⑯〜⑳） N.D.C.293

⑯	イギリス	関根淳／文・写真 小川浩之／監修
⑰	オランダ	吉田忠正／文・写真 桜田美津夫／監修
⑱	フィンランド	東海林美紀／文・写真 セルボ貴子／監修
⑲	アイスランド	小原佐和子／文・写真 朱位昌併／監修
⑳	ハンガリー	関根淳／文・写真 羽場久美子／監修

Eセット 全5巻（㉑〜㉕） N.D.C.293

㉑	ドイツ	小原佐和子／文・写真 金城ハウプトマン朱美／監修
㉒	ポーランド	吉田忠正／文・写真 岡崎恒夫／監修
㉓	フランス	関根淳／文・写真 羽場久美子／監修
㉔	イタリア	関根淳／文・写真 八十田博人／監修
㉕	スペイン	関根淳／文・写真 細田晴子／監修

続刊も毎年度刊行予定！

- 小学高学年〜中学向き
- オールカラー
- A4変型判　各48ページ
- 図書館用特別堅牢製本図書

ポプラ社はチャイルドラインを応援しています

18さいまでの子どもがかけるでんわ
チャイルドライン®
0120-99-7777
毎日午後4時〜午後9時
※12/29〜1/3はお休み
電話代はかかりません
携帯（スマホ）OK

チャット相談はこちらから